AF221660

škola - المدرسة 2
putovanje - سفر 5
transport - نقل 8
grad - مدينة 10
krajolik - طبيعة ريفية 14
restoran - مطعم 17
supermarket - سوبرماركت 20
napitci - مشروبات 22
jelo - طعام 23
seosko gazdinstvo - مزرعة 27
kuća - بيت 31
dnevna soba - غرفة جلوس 33
kuhinja - مطبخ 35
kupaonica - الحمّام 38
dječija soba - غرفة الأطفال 42
odjeća - ثياب 44
ured - مكتب 49
gospodarstvo - اقتصاد 51
zanimanja - المِهَن 53
alati - عدة عمل 56
glazbeni instrument - آلات موسيقية 57
zoološki vrt - حديقة حيوانات 59
šport - رياضة 62
aktivnosti - نشاطات 63
obitelj - عائلة 67
tijelo - الجسم 68
bolnica - المستشفى 72
hitni slučaj - حالة 76
zemlja - أرض 77
sat - ساعة 79
tjedan - أسبوع 80
godina - سنة 81
oblici - أشكال 83
boje - ألوان 84
suprotnosti - الأضداد 85
brojevi - أرقام 88
jezici - اللغات 90
tko / što / kako - من / ماذا / كيف 91
gdje - أين 92

Impressum
Verlag: BABADADA GmbH, Nedderfeld 112 , 22529 Hamburg
Geschäftsführer / Verlagsleitung: Harald Hof
Druck: Books on Demand GmbH, In de Tarpen 42, 22848 Norderstedt

Imprint
Publisher: BABADADA GmbH, Nedderfeld 112 , 22529 Hamburg, Germany
Managing Director / Publishing direction: Harald Hof
Print: Books on Demand GmbH, In de Tarpen 42, 22848 Norderstedt, Germany

škola
المدرسة

učionica
القسم
dijeliti
يقسم
186/2
ploča
اللوح
školsko dvorište
učitelj
المعلّم
papir
ورقة
pisati
يكتب
kemijska olovka
القلم
pisaći stol
طاولة المكتب
ravnalo
المسطرة
knjiga
الكتاب
učenik
التلميذ

torba
الحقيبة المدرسية

pernica
المقلمة

grafitna olovka
قلم الرصاص

šiljilo za olovke
البرّاية

gumica za brisanje
المِمحاة

blok za crtanje
دفتر الرسم

crtež

الرسمة

kist

الفرشاة

kutija s bojama

علبة التلوين

makaze

المقص

ljepilo

المادة اللاصقة

bilježnica

دفتر التمارين

domaći zadatak

الواجب المدرسي

broj

الرقم

sabirati

يجمع

oduzimati

يطرح

množiti

يضرب

računati

يحسب

slovo

الحرف

abeceda

الأبجدية

riječ

كلمة

tekst

النص

čitati

يقرأ

kreda

الطبشور

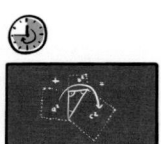

sat

الحصة

dnevnik

دفتر الدوام المدرسي

ispit

الامتحان

svjedodžba

شهادة

školska uniforma

اللباس المدرسي

obrazovanje

التعليم

leksikon

الموسوعة

sveučilište

الجامعة

mikroskop

المِجهر

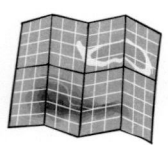

karta

الخريطة

košara za papir

قماما

putovanje
سفر

hotel
فندق
prenoćište
بيت الشباب
mjenjačnica
مكتب صرافة
kofer
حقيبة
auto
سيارة

jezik
اللغة

da / ne
نعم / لا

okay
حسناً

zdravo
مرحباً

prevoditelj
مترجم

hvala
شكراً

Koliko košta...?

كم ثمن ... ؟

ne razumijem

لا أفهم

problem

مشكلة

dobro veče!

مساء الخير

Dobro jutro!

صباح الخير!

Laku noć!

ليلة سعيدة

doviđenja

إلى اللقاء

smjer

اتجاه

prtljaga

أمتعة السفر

torba

حقيبة

ruksak

حقيبة ظهر

gost

ضيف

soba

غرفة

vreća za spavanje

كيس للنوم

šator

خيمة

turističke informacije

استعلامات سياحية

plaža

شاطئ

kreditna kartica

بطاقة ائتمان

doručak

إفطار

ručak

طعام الغداء

večera

العشاء

karta za vožnju

بطاقة سفر

dizalo

مصعد

poštanska markica

طابع بريدي

granica

حدود

carina

الجمارك

ambasada

سفارة

viza

تأشيرة

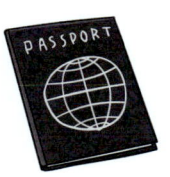

putovnica

جواز سفر

transport

نقل

zrakoplov
طائرة
brod
سفينة
vatrogasno vozilo
سيارة إطفاء
autobus
حافلة
teretno vozilo
سيارة شاحنة
motorni čamac
زورق آلي
biciklo
درّاجة
auto
سيارة

trajekt
....
عبارة

čamac
....
قارب

motocikl
....
دراجة نارية

policijski auto
....
سيارة شرطة

trkaći auto
....
سيارة سباق

iznajmljeno auto
....
سيارة مستأجرة

dijeljenje automobila

أسلوب تشاركي في استئجار السيارات

vučno vozilo

سيارة للجر

vozilo za odvoz smeća

سيارة نقل القمامة

motor

محرك

benzin

وقود

benzinska postaja

محطة وقود

prometni znak

إشارة مرور

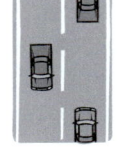

promet

حركة السير

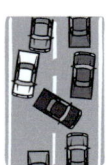

zastoj

ازدحام سير

parkiralište

موقف سيارات

kolodvor

محطة قطار

šine

سكك حديدية

vlak

قطار

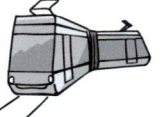

tramvaj

ترام

vagon

عربة قطار

helikopter

طائرة مروحية

zrakoplovna luka

مطار

toranj

برج

putnik

مسافر

kontejner

حاوية

karton

علبة كرتون

kolica

عربة يد

košara

سلة

uzletjeti / sletjeti

يقلع / يهبط

grad

مدينة

selo

قرية

centar grada

مركز المدينة

kuća

بيت

kino
سينما

reklama
دعاية

ulična svjetiljka
مصباح الشارع

CINEMA

ulica
شارع

taksi
تاكسي

kiosk
كشك

pješak
مشاة

nogostup
رصيف

križanje
تقاطع

pješački prijelaz
معبر المشاة

kontejner za otpad
حاوية قمامة

semafor
إشارة ضوئية

koliba

كوخ

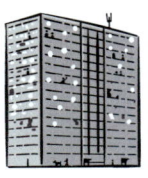

stan

شقة

kolodvor

محطة قطار

vijećnica

دار البلدية

MUSEUM

muzej

متحف

škola

المدرسة

sveučilište

الجامعة

banka

مصرف

bolnica

المستشفى

hotel

فندق

ljekarna

صيدلية

ured

مكتب

knjižara

مكتبة

prodavaonica

متجر

cvjećara

محل لبيع الزهور

supermarket

سوبرماركت

trg

سوق

robna kuća

متجر كبير

ribarnica

تاجر السمك

trgovački centar

مركز تسوّق

luka

ميناء

park

حديقة عامة

klupa

مقعد

most

جسر

stepenice

درج، سلم

podzemna željeznica

مترو

tunel

نفق

autobusna stanica

موقف حافلات

bar

بار

restoran

مطعم

poštansko sanduče

صندوق البريد

ulični znak

لافتة باسم الشارع

parkirni sat

مقياس زمن الوقوف

zoološki vrt

حديقة حيوانات

bazen

مسبح

džamija

مسجد

seosko gazdinstvo

مزرعة

zagađenje okoliša

تلوث البيئة

groblje

مقبرة

crkva

كنيسة

igralište

ملعب الأطفال

hram

معبد

krajolik

طبيعة ريفية

list
ورقة

putokaz
علامة إرشاد

put
طريق

livada
مرج

kamen
حجر

drvo
شجرة

šetač
رحالة

rijeka
نهر

trava
عشب

cvijet
زهرة

dolina

وادٍ

planina

جبل

jezero

بحيرة

šuma

غابة

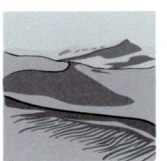

pustinja

صحراء

vulkan

بركان

dvorac

قلعة

duga

قوس قزح

gljiva

فطر

palma

نخلة

moskito

بعوض

muha

ذبابة

mrav

نملة

pčela

نحلة

pauk

عنكبوت

buba

خنفساء

žaba

ضفدعة

vjeverica

سنجاب

jež

قنفذ

zec

أرنب

sova

بومة

ptica

عصفور

labud

بجعة

divlja svinja

خنزير برّي

jelen

غزال

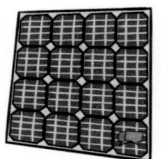

los

إلكة

nasip

سد

vjetrenjača

دولاب الطاحونة الهوائية

solarna ploča

خلية شمسية

klima

مناخ

restoran
مطعم

konobar
نادل
jelovnik
لائحة الطعام
stolica
كرسي
supa
حساء
pica
بيتزا
pribor za jelo
أدوات المائدة
stolnjak
غطاء المائدة

predjelo

مقبلات

glavno jelo

الصحن الرئيسي

desert

حلوى أو فاكهة بعد الطعام

napitci

مشروبات

jelo

طعام

boca

زجاجة

fastfood

وجبات سريعة

imbis hrana

طعام الشارع

čajnik

إبريق الشاي

doza za šećer

علبة السكر

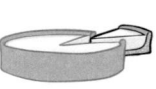

porcija

حصّة

aparat za espresso

آلة الإسبريسو

visoka stolica

كرسي عالٍ

račun

فاتورة

pladanj

صينية

nož

سكين

vilica

شوكة

žlica

ملعقة

čajna žlica

ملعقة الشاي

ubrus

منديل المائدة

čaša

كأس

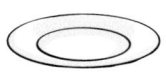

tanjur

صحن

tanjur za supu

صحن الحساء

tanjurić

صحن الفنجان

sos

صلصة

soljenka

مملحة

mlin za biber

مطحنة الفلفل

ocat

خلّ

ulje

زيت الطعام

začini

توابل

kečap

كتشاب

senf

خردل

majoneza

مايونيز

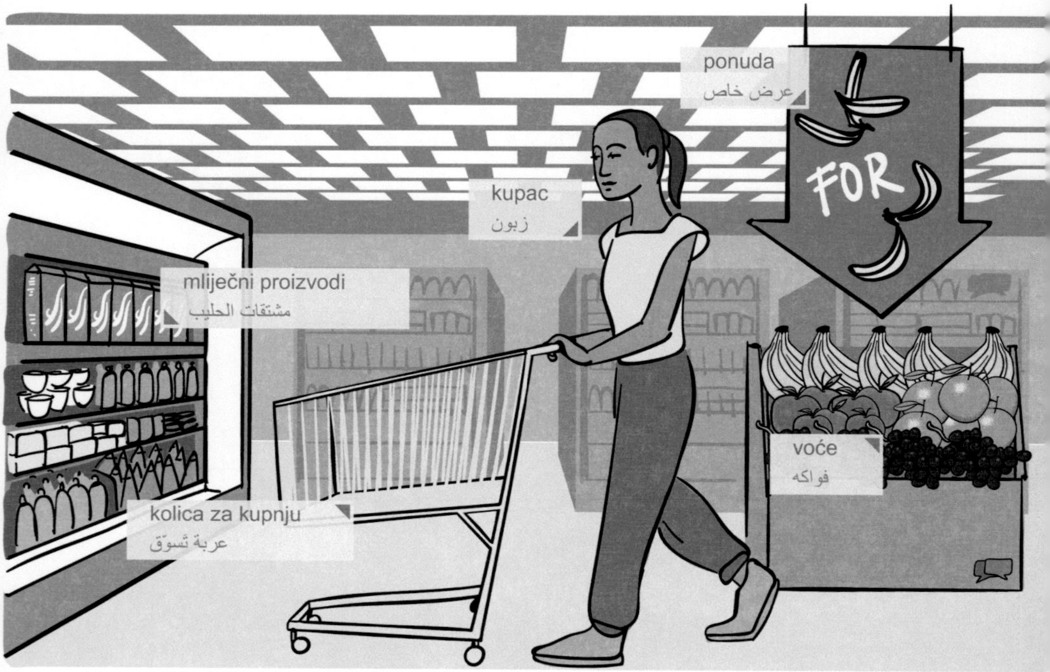

ponuda
عرض خاص

kupac
زبون

mliječni proizvodi
مشتقات الحليب

voće
فواكه

kolica za kupnju
عربة تسوّق

mesnica

جزّار

pekarnica

مخبز

vagati

يزن

povrće

خضار

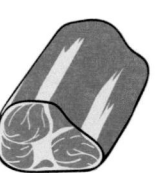

meso

لحم

duboko smrznuta hrana

المأكولات المجمّدة

narezak

مرتدلا أو جبن

konzerve

معلّبات

sredstvo za pranje

مسحوق الغسيل

slatkiši

حلويات

artikli za domaćinstvo

المواد المنزلية

sredstva za čišćenje

منظّفات

prodavačica

بائعة

blagajna

صندوق الحساب

blagajnik

أمين صندوق

lista za kupnju

قائمة المشتريات

vrijeme rada

أوقات العمل

novčanik

محفظة النقود

kreditna kartica

بطاقة ائتمان

torba

حقيبة

plastična vrećica

كيس بلاستيكي

napitci

مشروبات

voda

ماء

sok

عصير

mlijeko

حليب

cola

كولا

vino

نبيذ

pivo

بيرة

alkohol

كحول

kakao

كاكاو

čaj

شاي

kava

قهوة

espresso

قهوة إسبريسو

cappuccino

كابوتشينو

banana

موزة

jabuka

تفاح

naranča

برتقال

lubenica

بطيخ

limun

ليمون

mrkva

جزرة

češnjak

ثوم

bambus

خيزران

luk

بصل

gljiva

فِطر

orašasti plodovi

لوزيات

rezanci

شعيرية

špagete

سباغيتي

riža

أرزّ

salata

سلطة

pomfrit

بطاطا مقلية

pečeni krumpir

بطاطا مقلية

pica

بيتزا

hamburger

هامبورغر

sendvič

ساندويش

šnicla

شريحة لحم مقلية

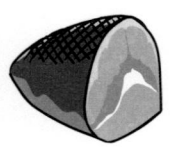

pršut

لحم خنزير

salama

سلامي

kobasica

سجق

kokoš

دجاج

pečenje

لحم محمر

riba

سمك

zobene pahuljice

دقيق الشوفان

musli

موسلي

kukuruzne pahuljice

كورن فلكس

brašno

طحين

roščić

كرواسان

pecivo

خبز صغير

kruh

خبز

toast

خبز محمص

keksi

بسكويت

maslac

زبدة

svježi sir

لبن زبادي

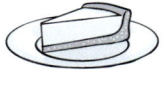

kolač

كعكة

jaje

بيضة

jaje na oko

بيض مقلي

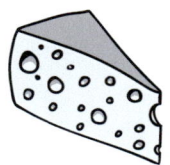

sir

جبنة

sladoled

مثلجات

šećer

سكر

med

عسل

marmelada

مربّى الفاكهة

nugat krema

كريم النوغا

curry

الكاري

seosko gazdinstvo
مزرعة

seoska kuća
بيت الفلاح
sjenik
مخزن غلال
bale sijena
رزمة من التبن
polje
حقل
konj
حصان
prikolica
مقطورة
ždrijebe
مهر
traktor
جرار
magarac
حمار
ovca
خروف
lane
خروف

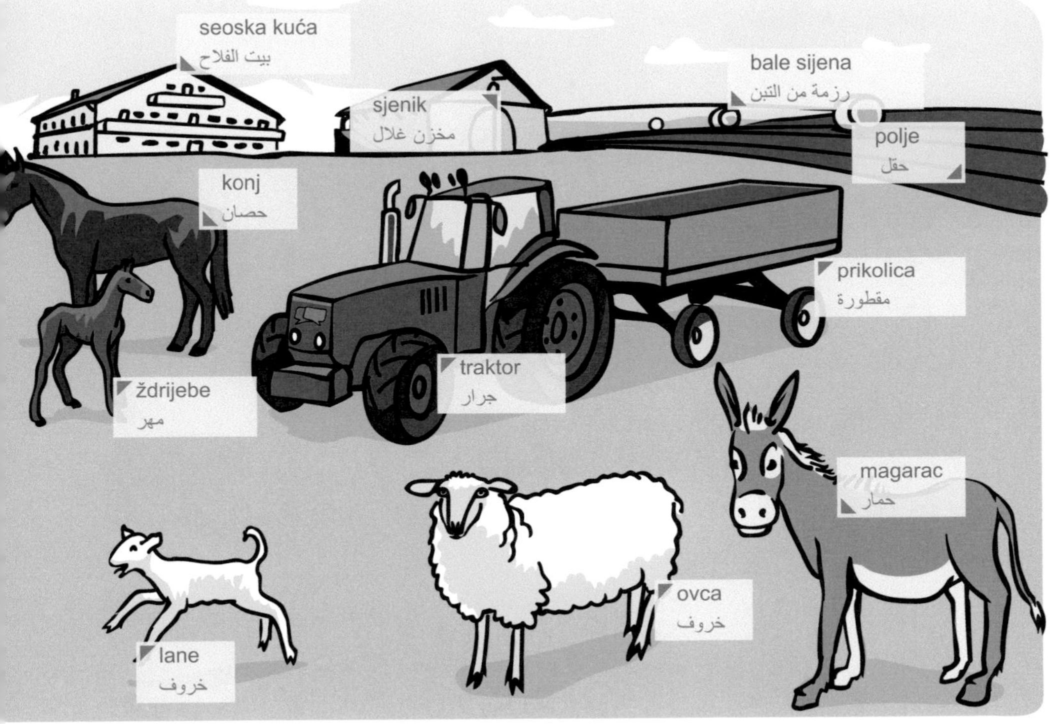

koza

ماعز

krava

بقرة

tele

عجل

svinja

خنزير

prase

خنزير صغير

bik

ثور

guska

إوزّة

patka

بطة

pilići

صوص

kokoš

دجاجة

pijetao

ديك

pacov

جرذ

mačka

قطة

miš

فأر

vol

ثور

pas

كلب

kućica za psa

كوخ الكلب

vrtno crijevo

خرطوم الحديقة

kanta za polijevanje

إبريق

kosa

منجل

plug

المحراث

srp

منجل

motika

معزقة

vilica za gnojivo

مذراة الزبل

sjekira

بلطة

tačke

عربة يد

korito

معلف

posuda za mlijeko

صفيحة الحليب

vreća

كيس

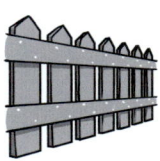

ograda

سياج

štala

اصطبل

staklenik

دفيئة

zemlja

تربة

sjeme

بذور

gnojivo

سماد

kombajn

حصّادة درّاسة

žanjati

يحصد

žetva

محصول

yams začin

بطاطا يامس

pšenica

قمح

soja

صويا

krumpir

بطاطا

kukuruz

ذرة

uljana repica

سلجم

voćka

شجرة فاكهة

gomolj manioke

نبات منيهوت

žitarice

الحبوب

kuća
بيت

dimnjak
مدخنة
krov
سقف
žlijeb
مزراب
prozor
نافذة
zvono
جرس الباب
garaža
مرآب
vrata
باب
korpa za otpad
قمامة
poštansko sanduče
صندوق البريد
vrt
حديقة

dnevna soba

غرفة جلوس

kupaonica

الحمّام

kuhinja

مطبخ

spavaća soba

غرفة النوم

dječija soba

غرفة الأطفال

trpezarija

غرفة الطعام

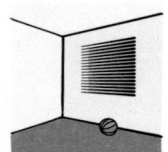

pod

أرضية

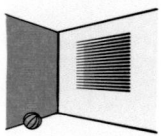

zid

حائط

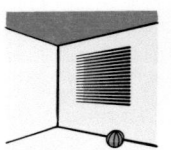

strop

سقف

podrum

قبو

sauna

ساونا

balkon

بلكون

terasa

شرفة

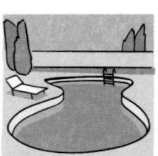

bazen

مسبح

kosilica za travu

جزّازة العشب

posteljina za krevet

بياضات السرير

deka za krevet

بطانية

krevet

سرير

metla

مكنسة

kanta

سطل

sklopka

مفتاح كهربائي

dnevna soba
غرفة جلوس

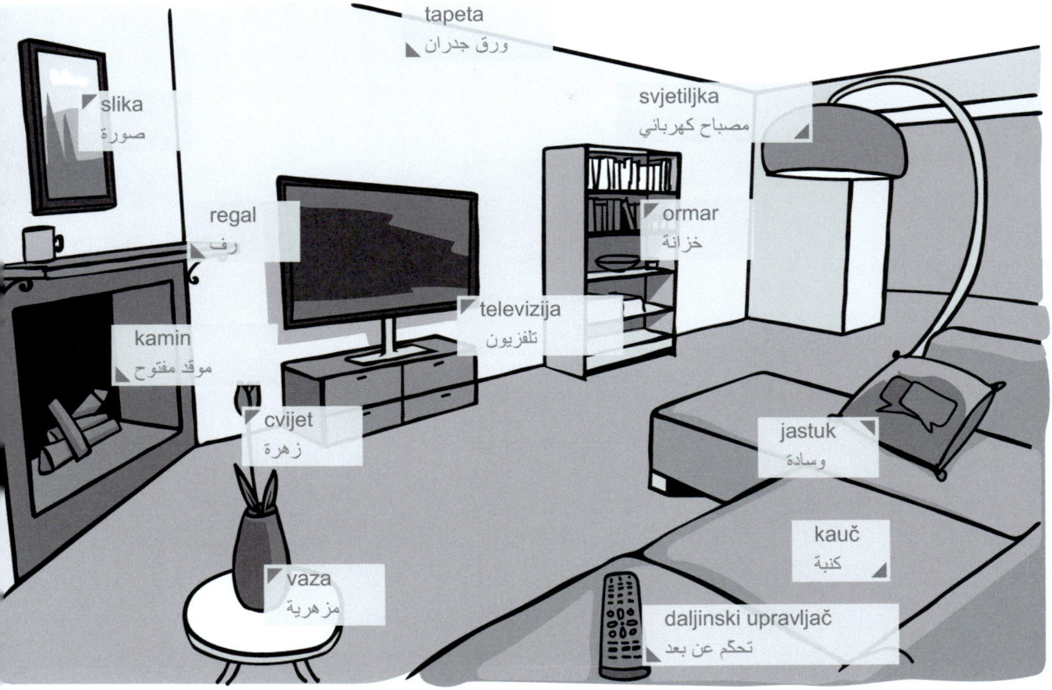

tapeta
ورق جدران
slika
صورة
svjetiljka
مصباح كهربائي
regal
رف
ormar
خزانة
televizija
تلفزيون
kamin
موقد مفتوح
cvijet
زهرة
jastuk
وسادة
kauč
كنبة
vaza
مزهرية
daljinski upravljač
تحكم عن بعد

tepih

بصاط

zavjesa

ستارة

stol

طاولة

stolica

كرسي

stolica za njihanje

كرسي هزّاز

fotelja

كرسي ذو ذراعين

knjiga

الكتاب

deka

بطانية

dekoracija

زخرفة

drvo za ogrjev

الحطب

film

فيلم

stereo uređaj

تجهيزات ستيريو

ključ

مفتاح

novine

جريدة

slika na platnu

لوحة مرسومة

poster

مُلصق

radio

راديو

blok za pisanje

دفتر ملاحظات

usisavač

المكنسة الكهربائية

kaktus

صبّار

svijeća

شمعة

kuhinja
مطبخ

hladnjak
برّاد
mikrovalna pećnica
ميكروويف
kuhinjska vaga
ميزان المطبخ
toaster
محمصة الخبز
sredstvo za čišćenje
منظفات
pećnica
فرن
pretinac za zamrzavanje
ثلاجة
korpa za otpad
قماما
perilica za suđe
جلّاية

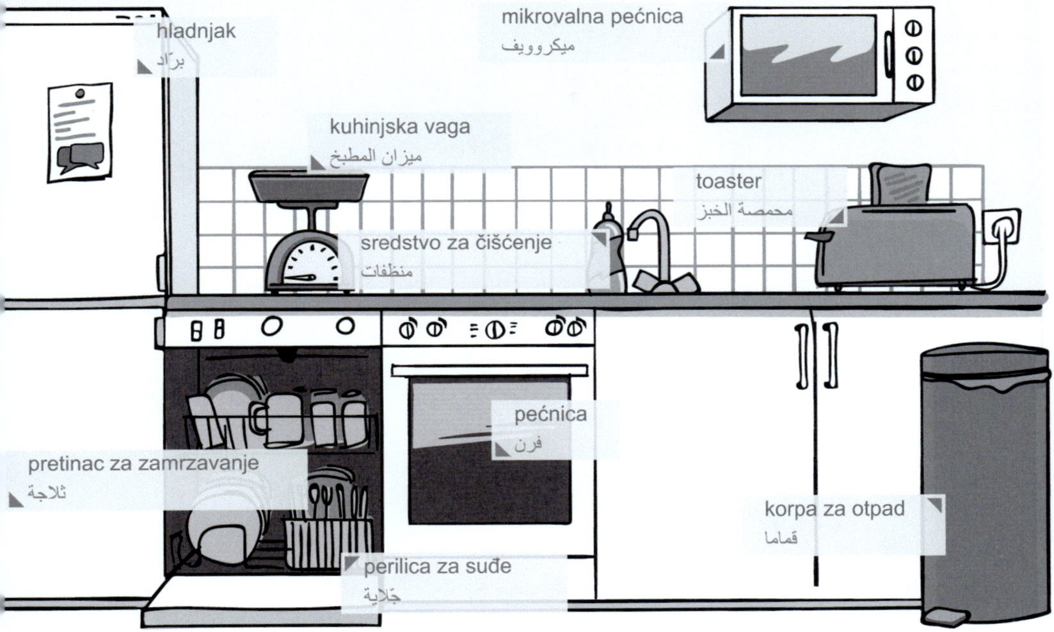

štednjak
موقد

lonac
قدر

željezni lonac
وعاء من الحديد

wok / kadai
قدر صيني

tava
مقلاة

kuhalo za vodu
غلاية

kuhinja - مطبخ

kuhalo na paru

قدر البخار

lim za pečenje

صينية

posuđe

أواني

čaša

فنجان

zdjela

صحن

štapići za jelo

عيدان الأكل

kutljača

مغرفة

lopatica

ملعقة منبسطة

pjenjača

خفاقة

sito za kuhanje

مصفاة

sito

مصفاة

ribež

مبشرة

mužar

هاون

roštilj

شواء

ognjište

موقد

daska

لوح التقطيع

oklagija

نشّابة

vadičep

مفتاح الزجاجات

konzerva

علبة

otvarač konzervi

مفتاح العلب المعدنية

krpa za lonac

قماش الفرن

sudoper

مجلى

četka

فرشاة

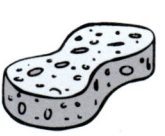

spužva

إسفنج

mikser

خلاط

zamrzivač

مجمّدة

bočica za bebe

زجاجة الطفل

slavina za vodu

صنبور الماء

kupaonica

الحمّام

tuš
دوش
grijanje
تدفئة
ručnik
منشفة
zavjesa za tuš
ستارة الدوش
pjenušava kupka
حمام رغوة
kada
čaša
كاس
perilica za rublje
غسّالة
slavina za vodu
صنبور الماء
pločice
بلاط
dječja kahlica
قفازات مطاطية
sudoper
مجلى

toalet

حمام

čučavac

مرحاض القرفصاء

bidet

حوض التشطيف

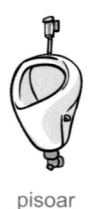

pisoar

مبولة

papir za toalet

ورق المرحاض

četka za toalet

فرشاة الحمام

četkica za zube

فرشاة الأسنان

pasta za zube

معجون الأسنان

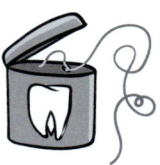

konac za zube

خيط حرير لتنظيف الأسنان

prati

يغسل

tuš ručica

رشاش ماء يدوي

tuš za pranje intimnih dijelova

شطاف

lavor

حوض الغسيل

četka za pranje leđa

فرشاة الظهر

sapun

صابون

gel za tuširanje

جيل الدوش

šampon

شامبو

krpa za pranje

ممسحة

odvod

مصرف للماء

krema

مرهم

dezodorans

مزيل الروائح

ogledalo

مرآة

kozmetičko ogledalo

مرآة يد

brijač

موس حلاقة

pjena za brijanje

رغوة الحلاقة

losion za poslije brijanja

كولونيا

češalj

مشط

četka

فرشاة

sušilo za kosu

سشوار

sprej za kosu

مثبت للشعر

makeup

ماكياج

ruž za usne

روج

lak za nokte

طلاء أظافر

vata

قطن

škare za nokte

مقص أظافر

parfem

عطر

neseser

سلّة الغسيل

stolica

مقعد صغير

vaga

ميزان

ogrtač

معطف الحمام

rukavice za čišćenje

قفازات مطاطية

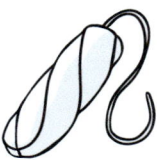

tampon

سدادة قطنية

uložak

منشفة صحية

kemijski toalet

تواليت كيميائية

dječija soba
غرفة الأطفال

budilnik
منبه
plišana igračka
الحيوانات المحنطة
auto igračka
سيارة لعبة
zvečka
خشخشة
kućica za lutke
بيت الدمى
poklon
هدية

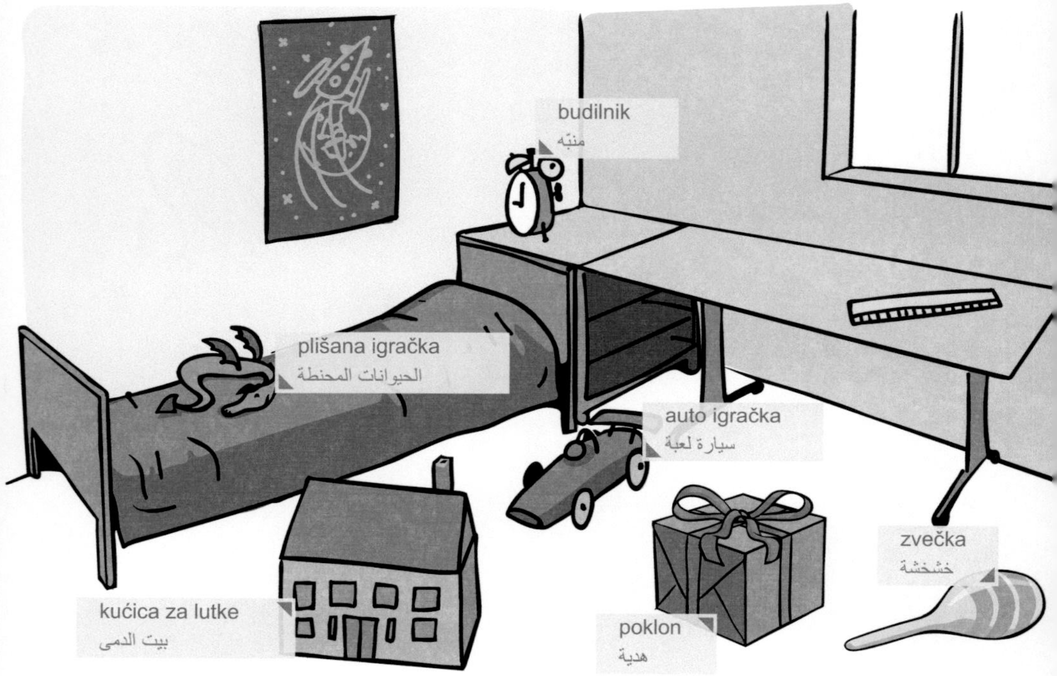

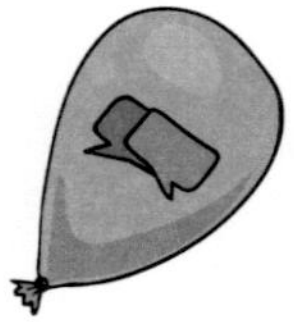

balon

بالون

krevet

سرير

dječija kolica

عربة الأطفال

igra s kartama

لعبة الورق

slagalica

أحجية

strip

رسوم هزلية

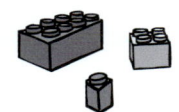

lego kockice

أحجار الليغو

kockice za slaganje

حجارة تركيب

akcioni junak

دمية بطل

kombinezon za bebe

لباس الطفل

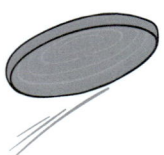

frizbi

فريسبي

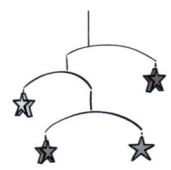

viseće igračke

دمية معلّقة

društvene igre

لعبة الطاولة

kocka

لعبة النرد

minijaturna željeznica

لعبة قطار

duda

مصّاصة

tulum

حفلة

slikovnica

كتاب مصوّر

lopta

كرة

lutka

دمية

igrati

يلعب

pješčanik

ملعب رملي للأطفال

ljuljačka

أرجوحة

igračka

لعبة

konzola za igre

ألعاب فيديو

tricikl

دراجة ثلاثية

plišani medo

دمية على شكل الدب

ormar

خزانة الثياب

odjeća

ثياب

kratke čarape

جوارب قصيرة

čarape

جوارب طويلة

hulahopke

جورب بنطلون

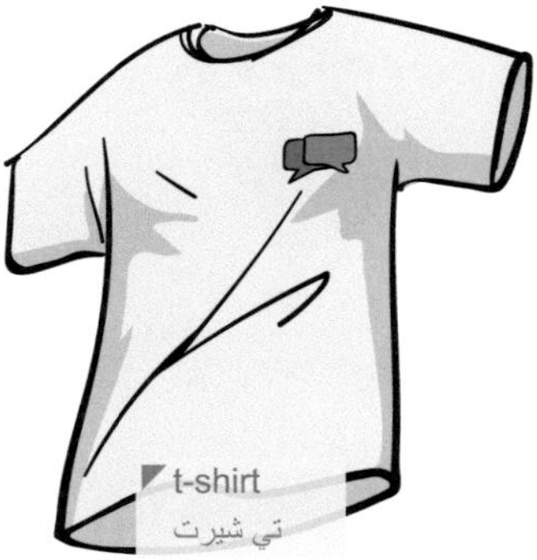

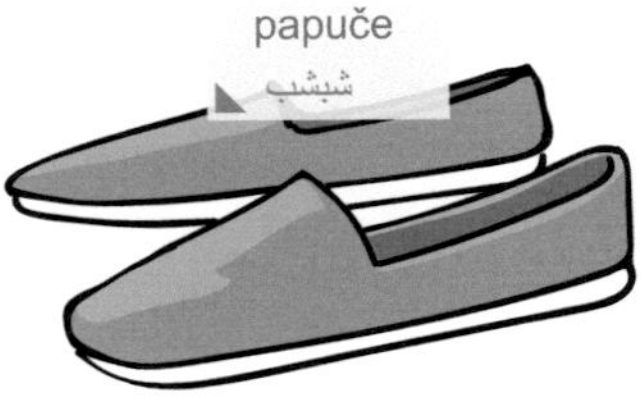

šal
شال

kišobran
شمسية

t-shirt
تي شيرت

kaiš
حزام

patike
أحذية رياضية

čizme
حذاء شتوي

papuče
شبشب

sandale

صندل

cipele

حذاء

gumene čizme

جزمة كاوتشوك

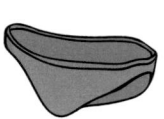

gaćice

سروال داخلي

grudnjak

صدّارة

potkošulja

قميص داخلي

bodi

لباس ملاصق للجسم

hlače

بنطلون

džins

جينز

haljina

تنورة

bluza

بلوزة

košulja

قميص

džemper

سترة قطنية

pulover s kapuljačom

كنزة كم طويل

blejzer

سترة فضفاضة

jakna

سترة

kaput

معطف

kabanica

معطف مطري

kostim

زي – طقم نسائي

haljina

ثوب

vjenčanica

ثوب الزفاف

odijelo

طقم

spavaćica

قميص نوم

pidžama

بيجاما

sari

ساري

rubac

حجاب

turban

عمامة

burka

برقع

kaftan

قفطان

abaja

عباءة

kupaći kostim

مايوه

kupaće gaćice

سروال سباحة

kratke hlače

شرت

odjeća za trening

بدلة رياضية

pregača

مئزر

rukavice

قفازات

gumb

زر

naočale

نظّارة

narukvica

إسوارة

ogrlica

عقد

prsten

خاتم

naušnica

قرط

kapa

طاقيّة

vješalica

علاقة ثياب

šešir

قبّعة

kravata

ربطة العنق

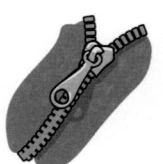

patent zatvarač

سحّاب

kaciga

خوذة

naramenice

حمّالة البنطلون

školska uniforma

اللباس المدرسي

uniforma

زي موحّد

podbradak

مريلة الأطفال

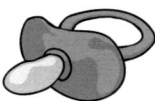

duda

مصّاصة

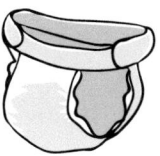

pelena

لفافة

ured

مكتب

server
المخدّم
ormar za spise
خزانة الملقات
pisač
طابعة
papir
ورقة
monitor
شاشة
miš
فارة
pisaći stol
طاولة المكتب
mapa
ملف
tipkovnica
لوحة المفاتيح
stolica
كرسي
košara za papir
قماما
računar
حاسوب

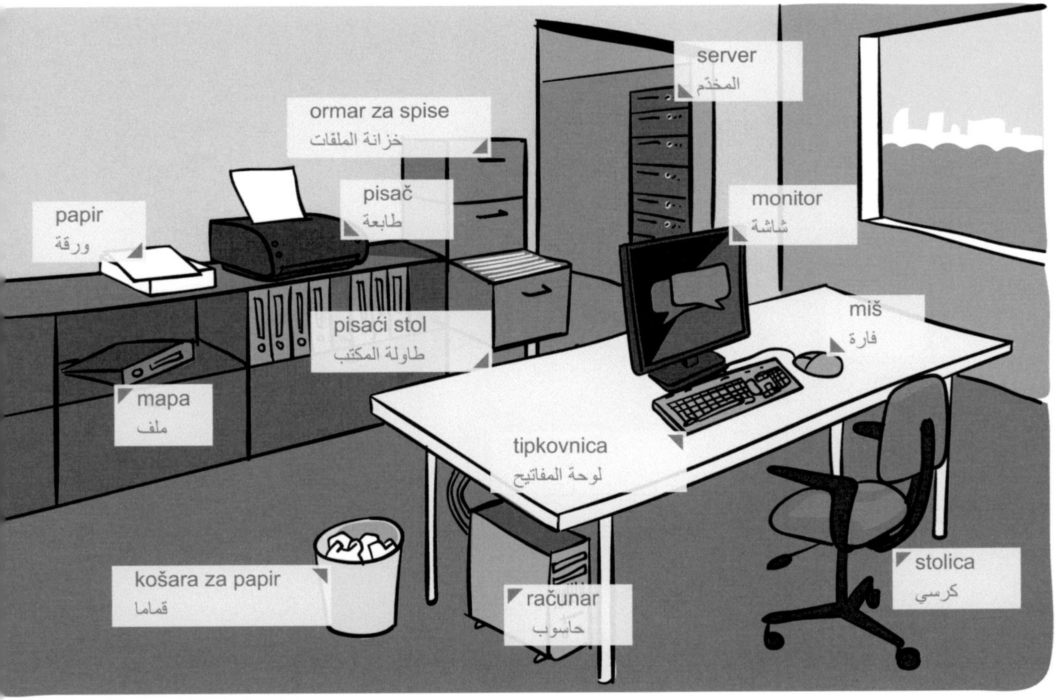

šalica za kavu

كأس من القهوة

kalkulator

الآلة الحاسبة

internet

الإنترنت

laptop

الحاسوب المحمول

pismo

رسالة

poruka

خبر

mobilni telefon

الهاتف المحمول

mreža

شبكة

uređaj za kopiranje

جهاز تصوير

softver

البرمجيات

telefon

هاتف

utičnica

مقبس كهربائي

faks

فاكس

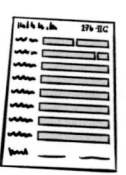

obrazac

استمارة

dokument

وثيقة

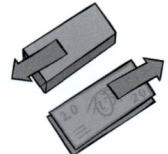

kupovati

يشتري

platiti

يدفع

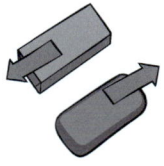

trgovati

يتاجر

novac

مال

dolar

دولار

euro

يورو

jen

ين

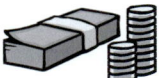

rubalj

روبل

švicarski franak

فرنك سويسري

renmindbi yuan

يوان

rupija

روبية

automat za novac

صرّاف آلي

mjenjačnica

مكتب صرافة

zlato

ذهب

srebro

فضة

nafta

نفط

energija

طاقة

cijena

سعر

ugovor

عقد

porez

ضريبة

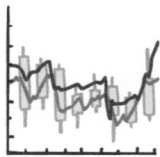

dionica

سهم

raditi

يعمل

službenik

موظف

poslodavac

رب العمل

tvornica

مصنع

prodavaonica

متجر

policajac
الشرطي
vatrogasac
رجل إطفاء
kuhar
طبّاخ
liječnik
الطبيب
pilot
طيّار

vrtlar

بستاني

stolar

نجّار

krojačica

خيّاطة

sudija

قاض

kemičar

كيميائي

glumac

ممثل

vozač autobusa

سائق حافلة

vozač taksija

سائق تاكسي

ribar

صياد سمك

čistačica

أجيرة للتنظيف

krovopokrivač

بنّاء سقف

konobar

نادل

lovac

صيّاد

slikar

رسّام

pekar

خباز

električar

كهربائي

građevinski radnik

عامل بناء

inženjer

مهندس

mesar

لحّام

limar

سمكري

poštar

ساعي البريد

vojnik

جندي

arhitekta

مهندس معماري

blagajnik

أمين صندوق

cvjećar

بائع الزهور

frizer

حلاق

kondukter

مراقب القطار

mehaničar

ميكانيكي

kapetan

قبطان

zubar

طبيب أسنان

znanstvenik

رجل العلم

rabi

حاخام

imam

إمام

monah

راهب

svećenik

كاهن

alati

عدة عمل

čekić
مطرقة
kliješta
كمّاشة
odvijač
مفك البراغي
ključ za vijke
مفتاح ربط
džepna svjetiljka
مصباح يد

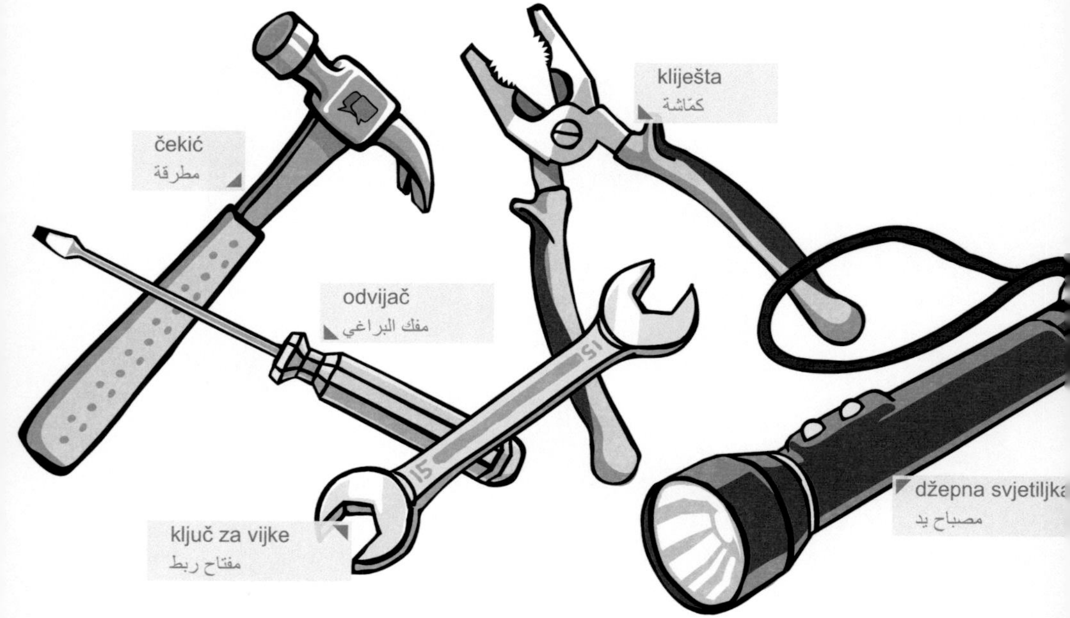

rovokopač

جرافة

kutija za alat

صندوق العدة

ljestve

سلّم

pila

منشار

ekser

مسامير

bušilica

مثقب

popraviti

يصلح

lopata

مجرفة

Sranje!

اللعنة

lopatica

لقاطة الكناسة

lonac za boju

سطل الألوان

vijci

براغي

glazbeni instrument

آلات موسيقية

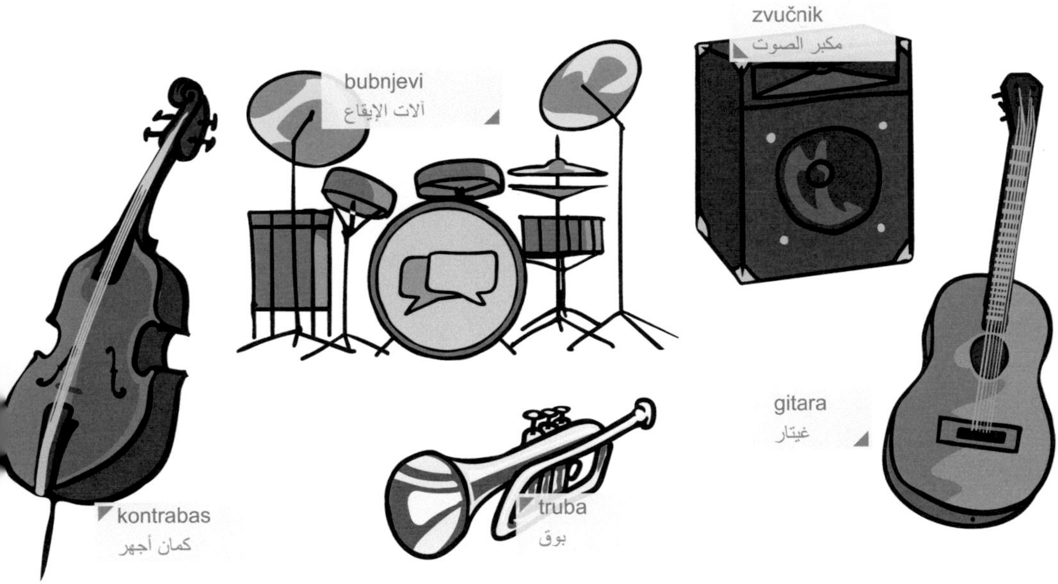

zvučnik
مكبر الصوت

bubnjevi
آلات الإيقاع

kontrabas
كمان أجهر

truba
بوق

gitara
غيتار

klavir

بيانو

violina

كمنجة

bas

جهير

timpani

طبل كبير

udaraljke za bubnjeve

طبل

keyboard

بيانو كهربائي

saksofon

ساكسوفون

flauta

ناي

mikrofon

ميكروفون

zoološki vrt

حديقة حيوانات

ulaz
مدخل
tigar
نمر
kavez
قفص
zebra
حمار الوحش
hrana za životinje
علف للحيوانات
panda
دب باندا

životinje

حيوانات

slon

فيل

kengur

كنغر

nosorog

وحيد القرن

gorila

غوريلا

medvjed

دب

kamila

جمل

noj

نعامة

lav

أسد

majmun

قرد

flamingo

طائر فلامينغو

papagaj

ببغاء

polarni medvjed

دب قطبي

pingvin

بطريق

ajkula

سمك القرش

paun

طاووس

zmija

أفعى

krokodil

تمساح

čuvar u zoološkom vrtu

حارس في حديقة الحيوان

tuljan

عجل البحر

jaguar

نمر أمريكي مرقط

poni

فرس قزم

leopard

نمر

nilski konj

فرس النهر

žirafa

زرافة

orao

نسر

divlja svinja

خنزير برّي

riba

سمك

kornjača

سلحفاة

morž

حيوان فظ البحري

lisica

ثعلب

gazela

غزال

američki nogomet
كرة القدم الأمريكية

biciklizam
ركوب الدراجات

tenis
كرة التنس

košarka
كرة السلة

plivanje
السباحة

boks
الملاكمة

hockey na ledu
هوكي الجليد

nogomet

كرة القدم

badminton

الريشة الطائرة

atletika

ألعاب القوى الخفيفة

rukomet

كرة اليد

skijanje

التزلج على الثلج

polo

بولو

aktivnosti
نشاطات

skočiti
يقفز
zagrliti
يعانق
smijati se
يضحك
ići
يمشي
pjevati
يغنّي
sanjati
يحلم
moliti se
يصلّي
poljubiti
يقبل

pisati
يكتب

crtati
يرسم

pokazati
يُري

gurati
يدفع

dati
يعطي

uzeti
يأخذ

imati

يملك

činiti

يعمل

biti

يوجد

stojati

يقف

trčati

يركض

povlačiti

يسحب

baciti

يرمي

padati

يقع

ležati

يستلقي

čekati

ينتظر

nositi

يحمل

sjediti

يجلس

oblačiti

يلبس

spavati

ينام

probuditi se

يستيقظ

gledati

ينظر إلى ..

plakati

يبكي

milovati

يمسّد

češljati

يمشّط

govoriti

يتكلم

razumjeti

يفهم

pitati

يسأل

slušati

يسمع

piti

يشرب

jesti

يأكل

pospremiti

يرتب

voljeti

يحب

kuhati

يطبخ

voziti

يقود

letjeti

يطير

ploviti

يبحر بزورق شراعي

računati

يحسب

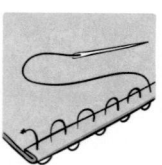

čitati

يقرأ

učiti

يتعلم

raditi

يعمل

vjenčati se

يتزوج

šiti

يخيط

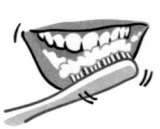

prati zube

ينظف أسنانه

ubiti

يقتل

pušiti

يدخّن

poslati

يرسل

obitelj
عائلة

baka
جدّة
djed
جدّ
otac
أب
majka
أم
beba
الطفل
kćerka
ابنة
sin
ابن

gost

ضيف

tetka

عمّة / خالة

ujak, stric

عمّ / خال

brat

أخ

sestra

أخت

tijelo

الجسم

čelo
الجبين
oko
العين
rame
الكتف
prst
الإصبع
lice
الوجه
brada
الذقن
ruka
اليد
grudi
الصدر
noga
الساق
ruka
الذراع

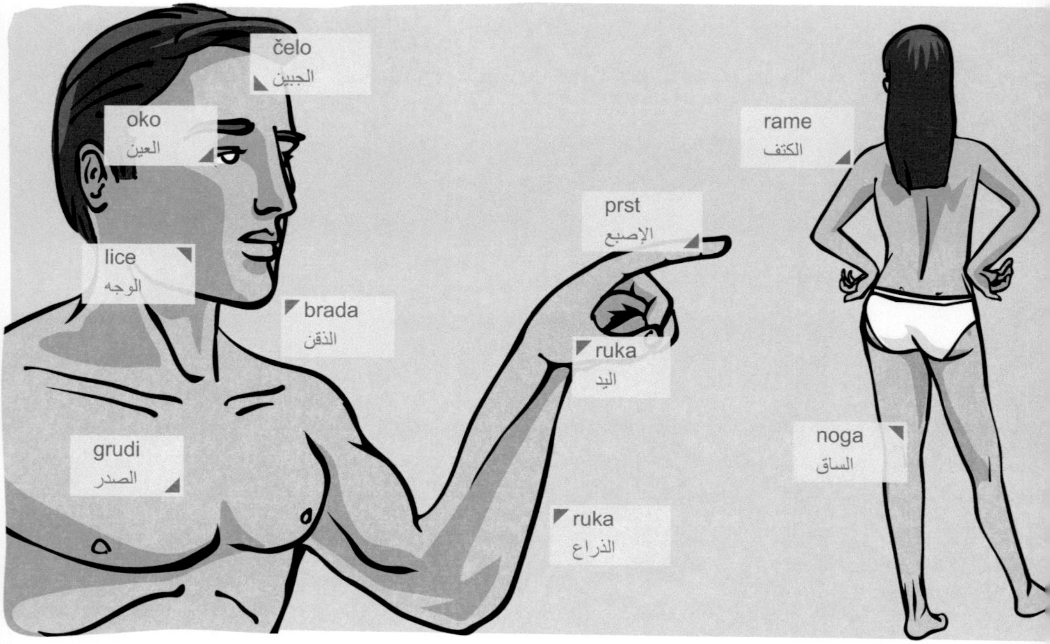

beba

الطفل

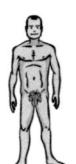

muškarac

الرجل

žena

المرأة

djevojčica

البنت

dječak

الولد

glava

الرأس

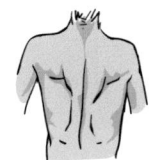

leđa

الظهر

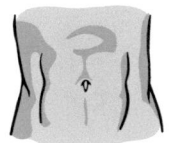

trbuh

البطن

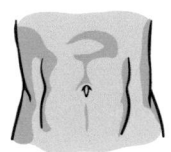

pupak

السرّة

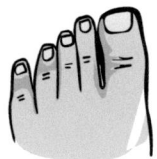

nožni prst

إصبع القدم

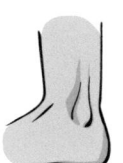

peta

الكعب

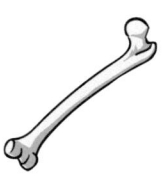

kost

العظم

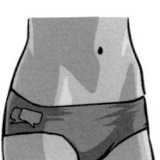

kuk

الورك

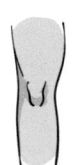

koljeno

الركبة

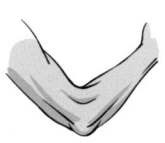

lakat

المِرفق

nos

الأنف

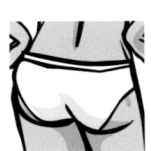

stražnjica

العَجُز

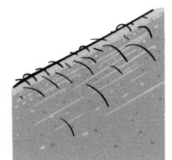

koža

البشرة

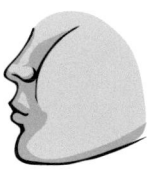

obraz

الخد

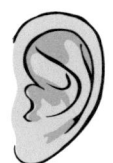

uho

الأذن

usna

الشفة

usta

الفم

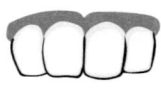

zub

السن

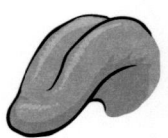

jezik

اللسان

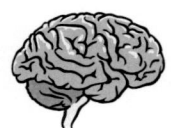

mozak

الدماغ

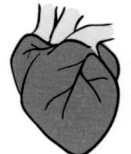

srce

القلب

mišić

العضلة

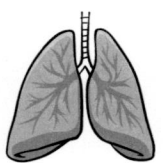

pluća

الرئة

jetra

الكبد

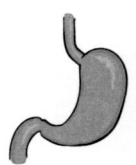

želudac

المعدة

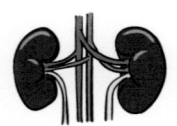

bubrezi

الكِلى

snošaj

الاتصال الجنسي

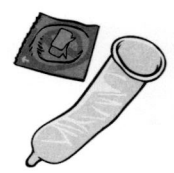

kondom

الواقي المطاطي

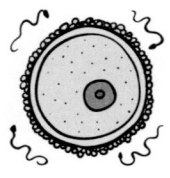

jajna stanica

البويضة

sperma

المنيّ

trudnoća

الحمل

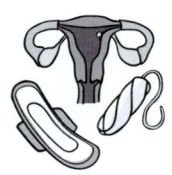

menstruacija

الحيض

vagina

المهبل

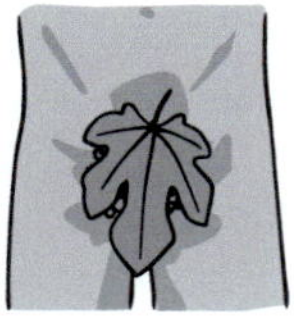

penis

القضيب

obrva

الحاجب

kosa

الشعر

vrat

الرقبة

bolnica

المستشفى

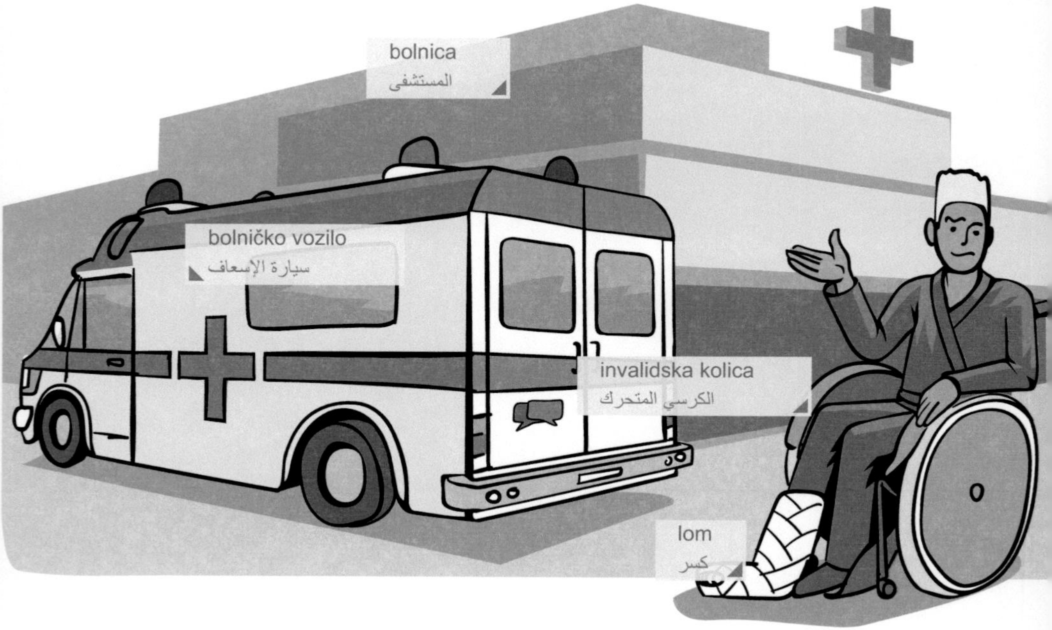

bolnica
المستشفى
bolničko vozilo
سيارة الإسعاف
invalidska kolica
الكرسي المتحرك
lom
كسر

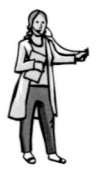

liječnik

الطبيب

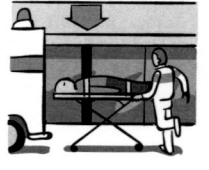

hitna medicinska služba

غرفة الإسعاف

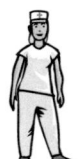

medicinska sestra

الممرضة

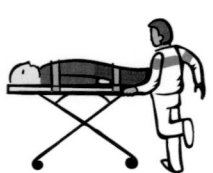

hitni slučaj

حالة

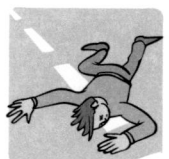

nesvijest

مغمى عليه

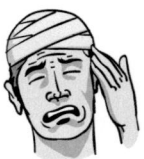

bol

الألم

ozljeda

إصابة

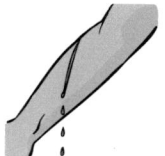

krvarenje

النزيف

srćani infarkt

احتشاء القلب

moždani udar

جلطة

alergija

حسسية

kašalj

السعال

groznica

الحُمّى

gripa

إنفلونزا

proljev

الإسهال

glavobolja

وجع الرأس

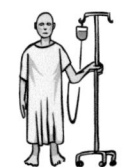

rak

السرطان

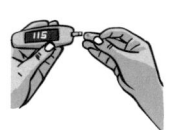

dijabetes

مرض السكر

kirurg

جرّاح

skalpel

مبضع

operacija

عملية

ct

سيتي سكان

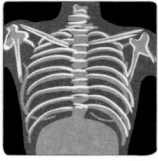

rentgen

الأشعة السينية

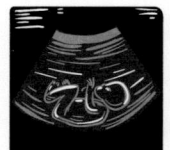

ultrazvuk

فوق الصوتي

maska

القناع

bolest

المرض

čekaonica

غرفة الانتظار

štaka

العُكاز

flaster

شريط لاصق

zavoj

ضماد

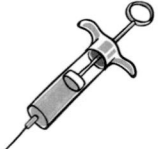

injekcija

حقنة

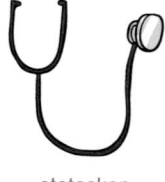

stetoskop

سمّاعة الطبيب

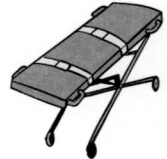

nosilo

نقالة

termometar

ميزان حرارة

rođenje

ولادة

prekomjerna težina

وزن زائد

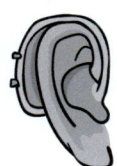

slušni aparat

جهاز السمع

sredstvo za dezinfekciju

المواد المعقمة

infekcija

عدوى

virus

فيروس

hiv / sida

الإيدز

medicina

الطب

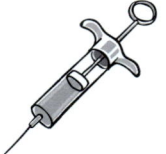

vakcinacija

اللقاح

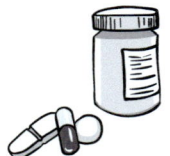

tablete

أقراص الدواء

pilula

حبّة الدواء

poziv u pomoć

نداء النجدة

uređaj za mjerenje tlaka

مقياس ضغط الدم

bolesno / zdravo

مريض / صحيح

hitni slučaj

حالة

pomoć!

النجدة!

alarm

إنذار

nasrtaj

اعتداء

napad

هجوم

opasnost

خطر

izlaz za nuždu

مخرج طوارئ

požar!

حريق!

vatrogasni aparat

جهاز الإطفاء

nezgoda

حادث

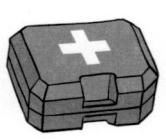

kofer prve pomoći

حقيبة الإسعاف الأولي

sos

أنقذونا

policija

الشرطة

Europa

أوروبا

sjeverna amerika

أمريكا الشمالية

južna amerika

أمريكا الجنوبية

Afrika

أفريقيا

Azija

آسيا

Australija

أستراليا

Atlantik

المحيط الأطلسي

Pacifik

المحيط الهادي

ocean

المحيط الهندي

antarktički ocean

المحيط المتجمد الجنوبي

arktički ocean

المحيط المتجمد الشمالي

sjeverni pol

القطب الشمالي

južni pol

القطب الجنوبي

Antarktik

منطقة القطب الجنوبي

zemlja

أرض

zemlja

بر

more

بحر

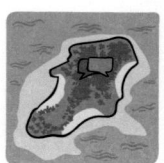

otok

جزيرة

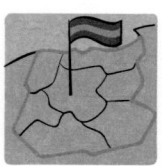

nacija

أمة

država

دولة

sat
ساعة

brojčanik sata

ميناء الساعة

satna kazaljka

عقرب الساعات

minutna kazaljka

عقرب الدقائق

sekundna kazaljka

عقرب الثواني

Koliko je sati?

كم الساعة الآن؟

dan

يوم

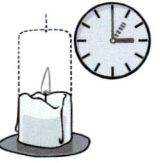

vrijeme

زمن

sada

الآن

digitalni sat

ساعة رقمية

minuta

دقيقة

sat

ساعة

tjedan

أسبوع

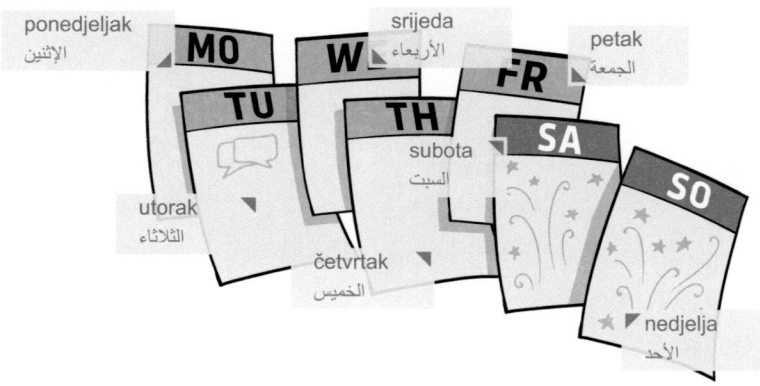

ponedjeljak / الإثنين
srijeda / الأربعاء
petak / الجمعة
MO · TU · W · TH · FR · SA · SO
utorak / الثلاثاء
subota / السبت
četvrtak / الخميس
nedjelja / الأحد

jučer

الأمس

danas

اليوم

sutra

غدا

jutro

الصباح

podne

الظهر

večer

المساء

MO	TU	WE	TH	FR	SA	SU
1	2	3	4	5	6	7
8	9	10	11	12	13	14
15	16	17	18	19	20	21
22	23	24	25	26	27	28
29	30	31	1	2	3	4

radni dani

أيام العمل

MO	TU	WE	TH	FR	SA	SU
1	2	3	4	5	6	7
8	9	10	11	12	13	14
15	16	17	18	19	20	21
22	23	24	25	26	27	28
29	30	31	1	2	3	4

vikend

نهاية الأسبوع

godina
سنة

duga
قوس قزح
kiša
مطر
snijeg
ثلج
vjetar
ريح
proljeće
الربيع
jesen
الخريف
ljeto
الصيف
zima
الشتاء

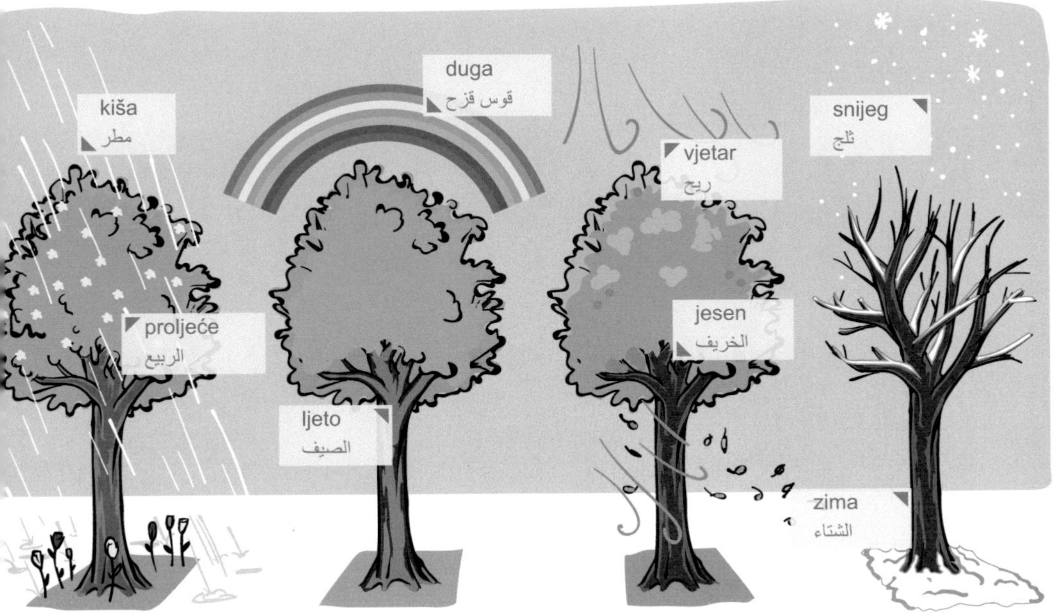

meteorološka prognoza

التنبّؤ بالحالة الجوية

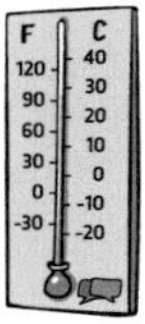

termometar

مقياس حرارة

sunčana svjetlost

ضوء الشمس

oblak

سحابة

magla

ضباب

vlažnost zraka

رطوبة الجو

munja

برق

grmljavina

رعد

oluja

عاصفة

tuča

بَرَد

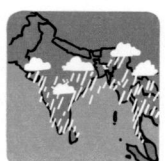

monsun

ريح موسمية

poplava

طوفان

led

جليد

siječanj

كانون الثاني / يناير

veljača

شباط / فبراير

ožujak

آذار / مارس

travanj

نيسان / أبريل

svibanj

أيار / مايو

lipanj

حزيران / يونيو

srpanj

تموز / يوليو

kolovoz

آب / أغسطس

rujan

أيلول / سبتمبر

listopad

تشرين الأول / أكتوبر

studeni

تشرين الثاني / نوفمبر

prosinac

كانون الأول / ديسمبر

oblici

أشكال

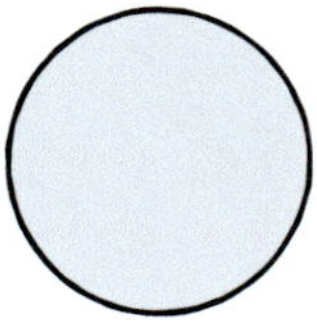

krug

دائرة

kvadrat

مربّع

pravokutnik

مستطيل

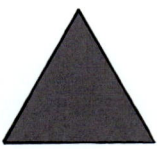

trokut

مثلّث

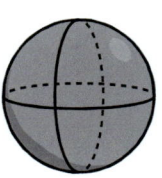

kugla

كرة

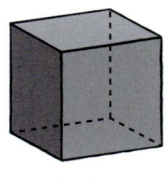

kocka

مكعب

boje

ألوان

bijela

أبيض

žuta

أصفر

narančasta

برتقالي

ružičasta

وردي

crvena

أحمر

ljubičasta

بنفسجي

plava

أزرق

zelena

أخضر

smeđa

بنّي

siva

رمادي

crna

أسود

suprotnosti
الأضداد

mnogo / malo

كثير / قليل

ljutito / mirno

غضبان / هادئ

lijepo / ružno

جميل / قبيح

početak / kraj

بداية / نهاية

veliko / maleno

كبير / صغير

svijetlo / tamno

فاتح / قاتم

brat / sestra

أخ / أخت

čisto / prljavo

نظيف / وسخ

potpuno / nepotpuno

كامل / ناقص

dan / noć

نهار / ليل

mrtvo / živo

ميت / حيّ

široko / usko

عريض / ضيّق

jestivo / nejestivo

صالح للأكل / غير صالح

zlo / dobro

شرّير / لطيف

uzbuđeno / dosadno

مثير / ممل

debelo / mršavo

سمين / نحيف

na početku / na kraju

أولاً / أخيراً

prijatelj / neprijatelj

صديق / عدو

puno / prazno

مليء / فارغ

tvrdo / mekano

صلب / لیّن

teško / lagano

ثقيل / خفيف

glad / žeđ

جوع / عطش

bolesno / zdravo

مريض / صحيح

ilegalno / legalno

غير شرعي / شرعي

pametno / glupo

ذكي / غبي

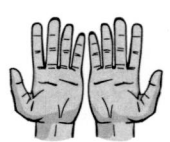

lijevo / desno

يسار / يمين

blizu / daleko

قريب / بعيد

novo / rabljeno

جديد / مستعمل

ništa / nešto

لا شيء / بعض الشيء

staro / mlado

مسن / شاب

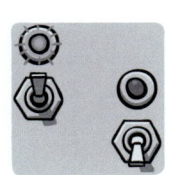

uključeno / isključeno

يشعل / يطفئ

otvoreno / zatvoreno

مفتوح / مغلق

tiho / glasno

خافت / عالٍ

bogato / siromašno

غني / فقير

točno / pogrešno

صح / خطأ

hrapavo / glatko

أحرش / املس

tužno / sretno

حزين / سعيد

kratko / dugo

قصير / طويل

polako / brzo

بطيء / سريع

mokro / suho

مبلول / جاف

toplo / hladno

ساخن / بارد

rat / mir

حرب / سلم

brojevi
أرقام

0
nula
صفر

1
jedan
واحد

2
dva
اثنان

3
tri
ثلاثة

4
četiri
أربعة

5
pet
خمسة

6
šest
ستة

7
sedam
سبعة

8
osam
ثمانية

9
devet
تسعة

10
deset
عشرة

11
jedanaest
أحد عشر

12	**13**	**14**
dvanaest	trinaest	četrnaest
اثنا عشر	ثلاثة عشر	أربعة عشر

15	**16**	**17**
petnaest	šestnaest	sedamnaest
خمسة عشر	ستة عشر	سبعة عشر

18	**19**	**20**
osamnaest	devetnaest	dvadeset
ثمانية عشر	تسعة عشر	عشرون

100	**1.000**	**1.000.000**
stotinu	tisuću	milijun
مائة	ألف	مليون

jezici
اللغات

engleski

الإنكليزية

američko engleski

الإنكليزية الأمريكية

kinesko mandarinski

لغة ماندارين الصينية

hindi

الهندية

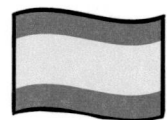

španjolski

الإسبانية

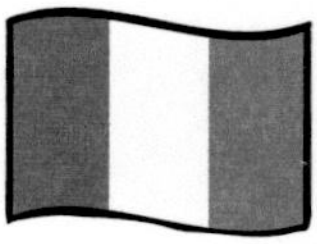

francuski

الفرنسية

arapski

العربية

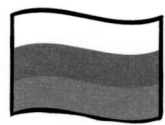

ruski

الروسية

portugalski

البرتغالية

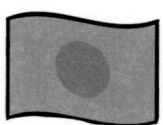

bengalski

البنغالية

njemački

الألمانية

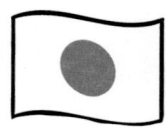

japanski

اليابانية

tko / što / kako
من / ماذا / كيف

ja

أنا

ti

أنت

on / ona / ono

هو / هي

mi

نحن

vi

أنتم

oni

هم

tko?

من؟

što?

ماذا؟

kako?

كيف؟

gdje?

أين؟

kada?

متى؟

ime

اسم

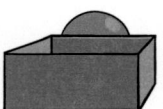

gdje
أين

iza

خلف

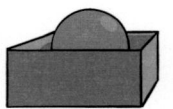

u

في

ispred

أمام

preko

فوق

na

على

ispod

تحت

pored

جنب

između

بين

mjesto

مكان